救いの基礎
改訂版

―聖書が語る世界―

また、自分が幼いころから聖書に
親しんできたことも知っているからです。
聖書はあなたに知恵を与えて、
キリスト・イエスに対する信仰による救いを
受けさせることができます。

テモテへの手紙 第二 3:15

聖書を読む会

目 次

さあ始めましょう ―手引「救いの基礎」の使い方― ………… iv

はじめに ……………………………………………………… 1
　「聖書」について ……………………………………………… 3

1 課　世界の創造 …………………………………………… 4
　(1) 造り主である神 ………………………………………… 4
　(2) 造られた人と非常に良い世界 ………………………… 6

2 課　人の背き …………………………………………… 10
　(1) 問題のはじまり ……………………………………… 10
　(2) 問題の広がり ………………………………………… 11

3 課　回復の約束とメシアの誕生 ……………………… 14
　(1) 回復の約束 …………………………………………… 14
　(2) メシアの誕生 ………………………………………… 16

4 課　メシアなるイエス ………………………………… 18
　(1) イエスの働き ………………………………………… 18
　(2) イエスの教え ………………………………………… 20
　(3) 十字架上の死 ………………………………………… 22
　(4) イエスの復活 ………………………………………… 24

5 課　十字架の死の意味 ………………………………… 26
　(1) 罪の赦し ……………………………………………… 26
　(2) 罪の奴隷からの解放 ………………………………… 28
　(3) 死に勝利してよみがえるため ……………………… 30
　(4) 全被造世界のため …………………………………… 31

6 課　良い世界の完成に向かって ……………………… 34
　(1) 昇天、聖霊降臨、教会の始まり …………………… 34
　(2) 聖霊によるキリスト者の歩み ……………………… 36
　(3) 良い世界の完成 ……………………………………… 38

おわりに …………………………………………………… 40

信仰への招き ……………………………………………… 42

使徒信条 …………………………………………………… 44

さあ始めましょう

― 手引「救いの基礎」の使い方 ―

1. この手引は、聖書を初めて学ぶ人のため、また、洗礼の準備やキリスト者が信仰を再確認するために作られました。

2. 参照聖書箇所、また、課やセクションの最後にある「考えよう」の質問は、状況に応じてお使いください。解釈の違いがある場合は、教会の指導者の立場を尊重してください。

3. 各セクションの◆印のある箇所（出だし）とまとめを読みつなぐと、約30分ほどで手引の全体を把握することができます。導き手の方は、あらかじめ、手引のあらすじをつかんでおくと、学びが的確になります。より詳しく準備したい方は、聖書を読む会発行の「神のご計画」をご参照ください。「神のご計画」は、創世記から黙示録までの聖書の流れを概観している小冊子で、「救いの基礎」のガイドブックとして使うことができます。

4. 本手引は6課、全17セクションに分かれています。一つのセクションはほとんどが2ページの見開きで、およそ30分で学ぶことができます。

5. この手引では「聖書 新改訳2017」（以下、新改訳）に準拠し、「聖書 聖書協会共同訳」（以下、共同訳）と大きく違う場合は、〔　〕で共同訳を記しています。聖書箇所の略式表示は、新改訳巻末の一覧に従っています。

    例）イザヤ書45章18節 → イザ45：18

6. 手引の使い方や、他の手引について詳しく知りたい方は、ウェブサイト（https://syknet.jimdo.com）をご覧ください。

凡例

脚注　　下線のある言葉（例：「<u>われわれ</u>ᵃ」）などは、各ページの下（脚注）に
　　　　解説があります。脚注にある聖書箇所は確認のためのもので、学び
　　　　の場では開く必要はありません。

コラム　まとまった説明がされている用語です。

コラムのテーマとページ

神のかたち	8	他の被造世界との関わり	32
信仰と自然科学	8	初期の教会の広がり	32
神の子	17	2000年にわたる教会の歩み	41
主	17		
使徒	25		
パウロ	25		

はじめに

　きらめく満天の星、雪をいただく山々、また足元に咲く可憐な花を見る
とき、私たちは、そこに秘められた不思議な秩序に驚き、世界は美しい
と感じます。また、災害や貧困に苦しむ人々のために献身的に働く人の
姿に感動し、その気高さに胸を打たれます。あるいは、難病を癒し、グロー
バル・コミュニケーションを可能にし、宇宙のなぞに迫る科学の進歩に
目を見張ることもあるでしょう。しかし同時に、エネルギー問題や地球
の温暖化、貧富の差の広がり、地球上には食料が十分にあるにもかかわ
らず深刻化する飢えの問題、そして、終わりの見えない紛争や戦争に直
面しています。また、身近なところでは、家庭が崩壊して心に傷を負い、
将来が不安で孤独な人々が増えています。

　世界は美しさで満ちているのに、一方でそこに根深い問題が存在する
のはなぜでしょう。人はどこから来てどこへ行くのでしょう。私たちは
何を基準にして、どのように生きていったらよいのでしょう。問題に直
面し、自分の力の限界を感じ、希望を失いかけたとき、それをどのよう
に乗り越えていったらよいのでしょうか。

　一緒に語り合いながら、聖書の語るメッセージに耳を傾けていきま
しょう。

1

「聖書」について

　キリスト教信仰の土台となる聖書は、旧約聖書39巻と新約聖書27巻、合計66巻からなる書物で、千数百年にわたり、様々な人によって書かれ編集されてきたものです。

　聖書の旧約とは「旧い契約」、新約とは「新しい契約」という意味です。正統的なキリスト教は西方教会（ローマ・カトリック、プロテスタントなど）も東方教会（ギリシャ正教会、ロシア正教会など）も、この旧約聖書と新約聖書を正典（神のことばとして権威をもった書物）としています。

聖書の内容

「旧約聖書」

　神による天地創造と人類の背きから始まり、アブラハムというひとりの人の選び、その子孫であるイスラエル民族の歴史へと続き、将来、メシア（救い主）が来て、全世界を救うという約束が書かれています。

「新約聖書」

　イエスこそが約束されたメシアである、と語るのが新約聖書です。イエスの誕生、教えと働き、十字架の死と復活、また、それに続く教会に託された使命と希望、そして、イエスが再びこの地上に来られるときに、神のご計画のすべてが完全に実現することが書かれています。

　以上が聖書の概観です。
　では、聖書を開いてみましょう。

1課　世界の創造

◆　私たちはどこから来て、どこに行くのでしょうか。世界には、宇宙の成り立ちや自分の存在の意味を説明するために、無神論（むしんろん）や無宗教も含めて様々な考え方があり、その多くは歴史（物語）の形をとっています。では、聖書はどのような歴史を語っているのでしょう。

(1) 造り主である神

創世記1:1-2:3

1　聖書は、この世界がどのように出来たと伝えていますか（1:1）。そのことから、聖書の語る神について、どのようなことが分かりますか。

2　1:1-5で、神の行為（こうい）を表すことば（動詞）をあげましょう。そのことばから、神についてどのようなことが分かりますか。

3　茫漠（ぼうばく）〔混沌（こんとん）〕（1:2）としていた大地は、どのように変化していきましたか（1:2-28）。その順番に何かしらの意図（いと）があるとすれば、それは何だと思いますか。

4　1:20からは「生き物」と「人」の創造が記され、神はそれを「祝福し」（1:22、28）、食物を「与え」ています（1:29-30）。そのことから、神は、「生き物」と「人」にどのような思いを持っていると思いますか。

5　神は、一つひとつのみわざを終えるたびに何をしていますか（1:4、10、12、18、21、25）。

6　「良い」と訳されたヘブル語は、「美しい」、「良くできている」といった意味もあります。あなたは、自然界を見て、「美しい」、

「良くできている」と驚いた経験がありますか。いくつか、分かち合ってみましょう。

7 そのような良い世界を造られた神の性質や能力は、どのようなものだと思いますか。

8 第六日目、神はご自分が造ったすべてのものを見ました。最初の世界はどのようなものでしたか（1:31）。神はどうしてそのように判断したのでしょう。

9 神は、第七日目に何をしましたか（2:1-3）。

まとめ ●

　聖書の語る神は、ことばを用い、知性と芸術性を注いで世界のすべてを造られた方、生きるものにいのちと食物を与える愛の神です。神はこの世界を、秩序があり、精巧で美しく、全体として調和のとれた「非常に良い」〔極めて良い〕ものとして造りました。そして、第七日目に、そのわざを完成して、その日を祝福しました。

　世界の歴史はこのようにして、神の愛と祝福のうちに始まったのです。

考えよう ●

1 あなたは、「神」について、どのようなイメージを持っていましたか。この学びの後で、変化した点がありますか。単なる目に見えない「力」と、どう違うでしょうか。

2 私たちが、神に愛されて造られた「良い」存在であるならば、私たちは自分のことをどのように見たらよいでしょうか。他の人や造られた世界はどうでしょう。

(2) 造られた人と非常に良い世界

◆ 神は、この世界を非常に良いものとして造りました。その中でも「人」は特別な存在でした。人はどのように特別なのでしょうか。

全地の王として造られた人　創世記1:26-28

1　神は人をどのようなものとして創造しましたか（1:26-27）。<u>われわれ</u>[a]、p.8コラム「神のかたち」参照。

2　人は、神の似姿〔姿〕に造られたとあります。人は、どのような点で神に似ているのでしょうか。神がどのような方か、セクション（1）で学んだことを思い出しましょう。

3　人が「神のかたち」として創造されたのは、王として被造世界を支配〔治め〕させるためでした（1:26-28）。人はどのように支配す〔治め〕ることが求められていたと思いますか。神に似ている点から考えましょう。

エデンの園での生活　創世記2:4-25

創世記1:1-2:3では、神の創造のみわざの全体像が書かれていますが、2:4からは、エデンの園のアダムとエバに焦点があてられています。

1　エデンの園は、どのようなところですか（2:4-14）。

2　人はエデンの園で何をしていましたか（2:15）。それは地を従わせ、生き物を支配す〔治め〕ること（1:28）とどのような関係があると思いますか。

---

[a] **われわれ：**古代中近東では、王や神などの尊い存在に「われわれ」などの複数形が使われることがありました。神が複数いるのではありません。

3 人はすべての家畜、空の鳥、また野の獣（けもの）に名^aを付けました（2:19-20）。そのことは何を表していると思いますか。

4 神は人のために、ふさわしい「助け手^b」として女を造りました（2:18-22）。他にも沢山の生き物がいたのに、なぜ女だけがふさわしい助け手なのでしょう。創世記1:26-28から考えましょう。

5 男と女が出会ったとき、男は何と応答しましたか。二人はどうなりましたか（2:23-25）。

 まとめ ・・

　人は他の生き物と違い、特別に「神のかたち」として造られました。神に似た資質（ししつ）や能力が与えられ、全地を治めるために造られたのです。
　男と女は、植物や生き物をよく観察し、それぞれの特質を見極（きわ）め、育んでいきました。二人の生活は、造り主への賛美と感謝、互いへの愛に満ちていました。また、園での労働は、喜びと創造性に満ち、その実りも豊かだったことでしょう。そのすべての営み（いとな）が、愛と正義、芸術性（げいじゅつせい）と知性に富んだ神を示すものでした。
　そして、そのような世界全体が、調和（ちょうわ）のとれた「非常に良い〔極めて良い〕」ものだったのです。

───────────────────────────────

^a **名**：聖書では、名前は、その本質や特徴を表すものです。人は、生き物に愛を注いで関係を築き、本質を見極めて名前を付けていきました。

^b **助け手**：「男のためにお手伝いをする人」という意味ではなく、敵と戦って負けてしまいそうなときに、助け手である神によって勝利する、というように使われる、かけがえのない存在を示す言葉です。

考えよう ・・

1 アダムとエバが、エデンの園で具体的にどのような生活をしていたか
  を想像してみましょう。神への礼拝、夫婦関係、仕事の内容、仕事や
  生活の在り方などはどうだったと思いますか。

2 創世記4章では、職業が多様化していったことが分かります（4:20-
  22）。家事、育児を含め、私たちのすべての営みが、地を治めることで
  あるとしたら、私たちはどのような姿勢で働いたら良いと思いますか。

=== コラム ===

「神のかたち」

　古代中近東では、すべての人が何らかの神を信じていました。そのよう
な社会で使われていた「神のかたち」という言葉は、一国の王を指しました。
「王は目に見えない神の、目に見える像である。王には、愛と正義によって
国を治める権限と責任が、神から与えられている」と考えられていたのです。
実際、前21世紀のウル・ナンム法典や、前18世紀のハンムラビ法典を
見ると、古代の王には、正義を行い、弱者を救う務めがあることが分かり
ます。王を指したこの言葉が、聖書では人類全体を指して使われています。
人類は、「世界をいつくしんで正しく治める**全地の王**」として造られたのです。

=== コラム ===

「信仰と自然科学」

　キリスト教の視点から考える自然科学とは、神が造られた世界の構造
や法則を、神に与えられた知性で解明しようとする営みで、それは人類
に与えられている使命と賜物の一つです。
　「創造と進化」に関しては、「神は直接世界を創造した」、「神は進化
のプロセスを導いて世界を創造した」など、様々な立場があります。
どの立場にしても、キリスト者は、「人格を持つ唯一で全能の神が、無
から秩序ある世界を創造した」と理解しています。

8

2課　人の背き

◆　神が愛をもって世界を造り、人を「神のかたち」（全地の王）として造られたこと、そして、世界のすべてが美しく、非常に良かったことを学びました。しかし今、世界は問題であふれています。良い世界に何が起こったのでしょう。

（1）問題のはじまり

神への背き　創世記3:1-7

1　蛇[a]は、女にどのように語りかけていますか（3:1）。実際の命令と比べてみましょう（2:16-17）。蛇は何をしようとしたのでしょう。

2　女は蛇に何と答えていますか（3:2-3）。神の命令（2:16-17）とどのように違いますか。

3　蛇は、さらに大胆に語りかけます。何と言っていますか（3:4-5）。蛇はこの時点で何をしようとしているのでしょう。

4　蛇のことばを聞いた女の目に、その木はどのように映りましたか（3:6）。

5　木の実を食べた結果、二人にどのような変化が起こりましたか（3:7）。2:25参照。

隠れる人　創世記3:8-10

1　神である主の音を聞いて、人とその妻は何をしましたか（3:8）。以前と比べて、神と人との関係はどのように変わったと思いますか。

---

a　蛇：ここの蛇は、サタンの化身と思われます。黙12:9参照。

2　身を隠した人に対し、神は何をしていますか（3:9）。すべてを
ご存知であるはずの神はなぜ、このような問いかけをしたので
しょう。

3　人は、神の問いかけに何と答えていますか（3:10）。

考えよう ・・・・・・・・・・・・・・・・・・・・・・・・・・・・・・・

神と人、人と人との親しい関係に亀裂が生じました。その原因は何
だと思いますか。

（2）問題の広がり

神に背いたため、神と人、人と人との親しい関係に亀裂が生じました。
しかし、生じた亀裂はそこで止まらず、問題は広がっていきます。

責任は誰に？　創世記3:11-13

1　命令に背いたことを神に問われたとき、人は誰のせいにしていま
すか。女はどうでしょう。

2　この箇所によると、神と人、人と人との関係はどのように悪化
しているでしょうか。

「さばき」と「呪い」　創世記3:14-24

1　人が神の命令に背いたことで、蛇、女、男、そして土地（被造物）は、
それぞれどのようなさばきと呪いを受けましたか（3:14-18）。彼
はおまえの頭を打ち〔砕き〕^a

---

a 彼はおまえの頭を打ち：この「彼」は、将来現れるメシア（救い主）、あるいは、
キリスト者を指し、ここで最初の救いの約束が語られていると考えられてい
ます。ロマ16:20参照。

2 人の労働は、背<ruby>背<rt>そむ</rt></ruby>きの結果、以前と比べてどのように変化しましたか。なぜでしょう（3:17-19）。

3 人の<ruby>最期<rt>さいご</rt></ruby>はどのようなものですか（3:19）。2:17参照。

4 さばきと<ruby>呪<rt>のろ</rt></ruby>いを受けてもなお、どのようなことが<ruby>継続<rt>けいぞく</rt></ruby>していますか。

5 神の御顔を<ruby>避<rt>さ</rt></ruby>け、<ruby>裸<rt>はだか</rt></ruby>でいることを互いに<ruby>恥<rt>は</rt></ruby>じるふたりのために、神は皮の衣を作って着せてくださいました（3:21）。神はどのような思いだったか想像してみましょう。アダムとエバの気持ちも考えましょう。

6 神は、男と女を最終的にどのようにされましたか（3:22-24）。
<u>ケルビム</u>a

最初の殺人事件　創世記4:1-8

1 その後、アダムとエバに二人の子どもが生まれました（4:1-2）。二人の職業と、神へのささげ物〔供え物〕は何でしたか。神はそれぞれにどのように対応しましたか（4:1-5）。

2 カインが激しく怒った理由は何だと思いますか。

3 主は怒っているカインに何を求めていますか（4:6-7）。

4 カインはどのように応答しましたか（4:8）。

---

a ケルビム：<ruby>翼<rt>つばさ</rt></ruby>を持つ生き物で、神に仕えるものとされていました。

まとめ ・・・

　人は、神の戒めに背いたことによって、神を避けて身を隠すように なりました。互いに対しても恥じて身を覆いました。神との親しい関係、 人との親しい関係が損なわれたのです。

　その上、アダムとエバは互いに責任を転嫁し、人は神を責めるよう になりました。土地（被造世界）も、神の呪いを受けたために、喜び であった労働が苦しみとなりました。また、人は、死ぬべき存在に なりました。そして、アダムとエバだけではなく、その子どもも、罪を 治めることができませんでした。

　私たちは、その後、全地に増え広がったアダムとエバの子孫です。 私たちも罪を治めることができず、そのままでは、「造り主を愛し、 他者を愛し、被造世界を正しく治める」という、本来の「神のかたち」 （全地の王）としての生き方ができません。私たちに与えられた資質や 能力がなくなったわけではありません。それを間違った方向に使う ようになったのです。

　神に背いたことがすべてを変え、罪のもたらす悲しみと苦しみが、 今も、私たちの家庭を、社会を、そして世界全体を覆っています。 聖書は、その問題の起源として、一人の人の罪にまでさかのぼります。

　　　一人の人によって罪が世に入り、罪によって死が入り込んだ 　　　ように、すべての人に死が及んだのです。すべての人が罪を 　　　犯したからです。（ロマ5:12、共同訳）

👤 考えよう ・・

1　悲惨なことが起こると、「神はなぜそれを許したのか」と問うことがあ ります。どのように考えたら良いのでしょう。
2　人の罪の故に、神との関係、他の人や被造世界との関係が歪んでしま いました。それは、現在、どのように現れていると思いますか。
3　与えられた資質や能力を間違った方向に使うようになった例を考えて みましょう。

3課　回復の約束とメシアの誕生

◆ 世界は、人の罪によってすっかり変わってしまいました。しかし、愛の神は、人と世界を捨て去るのではなく、むしろ「非常に良い」ものに回復しようとして、行動を開始します。

(1) 回復の約束

アブラハムへの約束　創世記12:1-3

　　神は、アブラハム（アブラム）という人物をメソポタミア地方のウル^aから導き出しました。

> 1　神は、アブラハムにどのような約束をしましたか。地のすべての部族〔氏族〕はどうなりますか。祝福^b

イザヤの預言

　　アブラハムの子孫は、イスラエル人（後にユダヤ人）と呼ばれるようになり、パレスチナ地方に定住しました。神は「アブラハムの子孫によって世界を祝福する」と約束しましたが、その約束は、イスラエルの王ダビデ（前千年ごろ）の子孫によって実現することになります。預言者イザヤ^cは、ダビデ家のこの特別な王について次のように預言しました。

---

^a **ウル:** メソポタミヤ南部の都市国家で前三千年紀末に栄えました。創11:31参照。

^b **祝福:** ここでの祝福とは、全世界を非常によいものに回復することを意味しています。

^c **預言者イザヤ:** 預言者とは神からの言葉を預かり、民に伝える人です。イザヤは紀元前8世紀から7世紀にかけてエルサレムを中心に活躍しました。

イザヤ書9:6-7〔9:5-6〕

1　この王について分かることをあげましょう。

注）イスラエルでは、王の任職の時に油を注いだことから、この特別な王を「油注がれた者」、ヘブル語で「メシア」（ギリシア語で「キリスト」）と呼ぶようになりました。

イザヤ書11:1-10

1　エッサイはダビデの父です。そのため「エッサイの根株」から出る「新芽」、「若枝」とは、ダビデの家系から出る王、メシアを指しました。メシアの上に何がとどまりますか（11:1-2）。

2　この方はイスラエルの王として、どのように正義を全うしますか（11:3-4）。

3　この王の特徴となる性質は、どのようなものでしょうか（11:5）。

4　この方が王となると、自然界はどのように変化しますか（11:6-9）。

5　全地はどのように変わりますか。諸国民はこのイスラエルの王にどのように接しますか（11:9-10）。

 まとめ ・・

　神は、アブラハムの子孫を通して世界を祝福すると約束しました。その約束は、ダビデの子孫から出るイスラエルの王、メシア（キリスト）によって実現します。メシアは、神として崇められ、永遠の平和をもたらし、自然界を変え、全世界をも治める、と預言されました。このメシアが、罪の故に歪んだ世界を、「非常に良い」ものに回復するのです。

15

(2) メシアの誕生

◆ イザヤが預言した時代からおよそ700年経ったころです。ローマ帝国第二代皇帝（こうてい）アウグストゥスが支配する、ユダヤ地方（パレスチナ）の小さな村に、マリアという少女がいました。

メシア誕生の告知（こくち）　ルカの福音書1:26-38

1　マリアはどのような人のいいなづけでしたか（1:26-27）。それは何を意味していると思いますか。

2　御使い（みつかい）〔天使〕は、マリアに何と語りましたか（1:28-33）。そのことから、イエスについて何が分かりますか。ヤコブの家<u>a</u>

3　常識的には、処女（しょじょ）〔おとめ〕から子どもが生まれるはずがありません。御使いはそれが可能である理由として何を語っていますか（1:34-37）。p.17コラム「神の子」参照。

4　マリアは何と応答しましたか（1:38）。もし、あなたがマリアの立場にあったなら、どうしたでしょう。

メシアの誕生　ルカの福音書2:1-20

1　ヨセフとマリアはどうして、ベツレヘムに向かったのですか（2:1-5）。

2　マリアはどこで男子を出産しましたか。なぜですか（2:6-7）。

3　御使いは羊飼いたちに何を告げましたか（2:8-14）。そのことからイエスについて何が分かりますか。p.17コラム「主」参照。

4　羊飼いたちは、何をしましたか（2:15-20）。

---

a **ヤコブの家**：イスラエル人を指します。ヤコブはアブラハムの孫で、ヤコブの子孫がイスラエル民族となりました。

まとめ

　世界を正しく治める王（メシア、キリスト）が、ついに誕生しました。しかし、それは、マリアという一介（いっかい）のおとめを通しての誕生であり、世界の支配者が住む帝都（ていと）ローマではなく、辺境（へんきょう）の小さな村、しかも、家畜のための場所でのことでした。

　メシア（キリスト）の誕生について、あなたが初めて知ったことはありますか。

=== コラム ===

「神の子」

　旧約聖書の時代、イスラエルでは、「神の子」とはイスラエルの王を指しました。その称号は、時代が進むなかで、イスラエルの特別な王、メシアを指すようになりました。

　しかし、ルカ1-2章では、イエスは単なる人間の王ではないことが現（あらわ）されています。イエスは、聖霊（せいれい）（神の霊）により、処女（しょじょ）から生まれたからです。イエスは確かに人間ですが、同時に神の性質を持つ「神のひとり子」であることが次第に明らかにされていきます。

=== コラム ===

「主」

　「主」は、「主人」を意味する「キュリオス」（ギリシア語）の訳語です。「キュリオス」には「主権者（しゅけんしゃ）である神」という意味もあります。ローマが帝政期（ていせいき）に入ると、自らを神とし、自分のことを「全世界の主（キュリオス）」と呼ばせる皇帝（こうてい）も出てきました。キリスト者がイエスを「主」というとき、イエスこそが、自分の主人であり、全世界と歴史を治める主権者であり、神であるという告白をしています。

4課　メシアなるイエス

◆ イエスは成人すると、 公 に働きを始め、「時が満ち、神の国は近くなった。悔い改めて福音を信じなさい」（マコ1:15）と語りました。「神の国」という言葉は、「神が王として、人と世界を正しく治める」という意味で、1課で学んだ「良い世界」を指しています。神がアブラハムに約束された祝福、「非常に良い世界の回復」が始まろうとしていました。

(1) イエスの働き

◆ イエスの働きを見ると、この「神の国」（良い世界）がどのようなものか分かります。

病と悪霊に対して　マルコの福音書1:21-34

1　イエスがカペナウム〔カファルナウム〕に入ると何をしましたか。人々の反応はどのようなものでしたか。なぜでしょう（1:21-22）。

2　イエスは汚れた霊[a]に対し、何をしましたか。人々はどのように反応しましたか（1:23-28）。

3　イエスの弟子シモン・ペテロの 姑 はどのような様子でしたか。イエスは何をしましたか（1:29-31）。

4　イエスの評判が広がった結果、何が起きましたか。イエスはどうしましたか（1:32-34）。

---

[a] **汚れた霊**：悪霊を指し、悪魔（サタン）の手下とされています。悪魔も悪霊も、元々は神に造られたものでしたが、神に反逆するようになりました。そして、人々を神から引き離し、また、神の造られた良い世界を破壊しようとしています。2課で学んだことを思い出しましょう。

自然の脅威に対して　マルコの福音書4:35-41

1　イエスの力は、何に対して、どのように現されていますか。創世記1:1-5と共通している点は何でしょうか。

死に対して　ルカの福音書7:11-17

1　当時、女性は職業を持つことができませんでした。一人息子に先立たれたやもめが、どのような状況に置かれ、またどのような思いであったかを想像してみましょう（7:11-12）。

2　イエスはこのやもめにどのような思いを持ちましたか。彼女に何と語りましたか（7:13）。

3　イエスは何をしましたか。その結果、何が起こりましたか。イエスはどのように反応しましたか（7:14-17）。

罪に対して　ルカの福音書7:36-50

あるパリサイ人がイエスを食事に招きました（7:36）。

1　すると何が起こりましたか。この女はどのような女で、何をしましたか（7:37-38）。

2　これを見たパリサイ人はイエスをどのように判断しましたか（7:39）。

3　イエスはたとえ話を使って、パリサイ人に何を伝えようとしたのでしょう（7:40-50）。

 まとめ

　イエスは、ユダヤの地に神の国をもたらしました。苦しむ人々をあわれみ、病と悪魔の支配、また、自然の脅威と死から人々を解放し、人の罪をご自分の権威で赦していきました。イエスは、人の罪の故に歪んだ世界を「良い世界」に回復し始めたのです。

(2) イエスの教え

◆ イエスは、ユダヤの人々に「悔い改めなさい」と命じました。悔い改めとは、個々の罪を悔いることだけではなく、考え方、信仰、生き方全体の方向を変えることを意味します。では、神の国（良い世界）の一員にふさわしい信仰と生活とは、どのようなものでしょうか。

山上の教え　マタイの福音書5-7章より

イエスの「山上の教え」を見てみましょう。イエスはそれぞれのテーマについて何と語っていますか。

1 怒り（5:21-22）。　　　**2** 情欲（5:27-30）。

3 報復原理（5:38-42）。<u>目には目を</u>[a]

4 人を愛すること（5:43-48）。　**5** 富（6:19-21、24）。

6 生活の様々な心配について（6:25-34）。

7 あなたは、このような、神の国（良い世界）の生き方についてどう思いますか。

放蕩息子のたとえ　ルカの福音書15:1-3、11-32

イエスは多くのたとえを用いて、神の国を説きました。当時のユダヤ人の中には、「自分たちは神に従っている正しい者だ」と考えている人たちと、「神に従っていない罪人だ」と蔑まれていた人がいました（15:1-2）。この両者を比較したイエスのたとえによると、どちらが神の国に入って良い世界を回復していくのでしょうか。

---

[a] **目には目を**：報復が増幅するのを抑制するための、旧約聖書の教えでした。

1 身勝手にも、弟息子は財産の分け前を父に要求し、自分の取り分を持って家を飛び出しました。その後、彼はどのような生活をしていましたか（15:11-16）。

2 我に返った弟息子は、何をしましたか（15:17-20）。

3 父は、どのような思いで息子の帰りを待っていたと思いますか。また、息子が帰ってきたとき、どのように迎えましたか（15:20-24）。

 まとめ ●

　神の国（良い世界）に入れられた者は、神を父として愛し信頼し、富ではなく神に仕えます。また、自らを清く保ち、敵をも愛します。それはすべて、神を愛し、隣人を愛することにまとめられます（マタ22:36-40）。

　では、誰が神の国に入ることができるのでしょうか。それは、「自分は神の国にふさわしい正しい者だ」と思っている者ではありません。そうではなく、「自分は神の国の高い基準に達することはできない」、また、「神に対して罪を犯し、神の民の一員と呼ばれる資格がない」と認め、神のもとへ向かう者なのです。父なる神は、そのような人を赦し、弟息子を迎えた父のように、あふれるばかりの愛をもって迎えてくださいます。

考えよう ●

放蕩息子のたとえでは、あなたは、兄と弟とどちらに近いと思いますか。

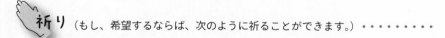 **祈り** （もし、希望するならば、次のように祈ることができます。）● ● ● ● ● ● ● ●

　神様、私は神の国、良い世界の一員になりたいと思います。しかし、その資格のない罪人です。どうぞこのような私をお赦しください。

(3) 十字架上の死

◆ 神の国（良い世界）をもたらしたイエスは、ローマ帝国の極刑であった十字架刑に処せられます。それはなぜでしょう。

　ユダヤの人々が求めていたメシアは、「ローマの支配を武力によって打ち破り、イスラエルを解放してくれる王」でした。ところがイエスは、「剣を取るな」、「敵を愛せ」と教えました。さらに、自分は正しいと思っている者の偽善と罪を指摘し、今までの信仰と生活をすっかり変えるように迫りました。そのため、怒りにかられたユダヤ人の指導者は、イエスを捕らえて大祭司のもとに連れて行き、イエスに不利な証言をしていきます。

裁判　マタイの福音書26:62-66

1　大祭司の質問とイエスの答えは何ですか（26:62-64）。
　人の子[a]。p.17コラム「神の子」参照。

　イエスは偽証に対して、何も応えませんでした。しかし、ご自分がメシア（キリスト）であること、しかも、ご自分が神と等しい存在であることは、はっきりと伝えました。すると、指導者たちは、神を冒瀆した罪でイエスを殺そうとし、ローマ総督ピラトのもとに連れて行きます。ピラトは、イエスを処刑する許可を与えました[b]。

イエスの死　マタイの福音書27:27-35、45-50、57-60

1　イエスはどのような扱いを受けていますか（27:27-35）。

---

[a] 人の子：ここでは、天の雲に乗ってきて、天上で神の前に進み出るメシアを指しています。このメシアは神の右に座し、全世界を治めることになります（ダニ7:13）。

[b] ユダヤはローマの支配下にあったため、人を処刑する権限はローマ総督にありました。ピラトはイエスに罪を認めませんでした。ただし、自ら王と名のることは、帝国への反逆となります。

2 イエスは、十字架の上で神に何と叫びましたか（27:45-50）。

3 イエスは息を引き取られた後、どうなりましたか（27:57-60）。

 まとめ ・・・・・・・・・・・・・・・・・・・・・・・・・・・・・・・・・・

　異教徒を打ち破り、世界を支配するはずのメシアが、異教徒によって殺されました。ユダヤ人にとって、そのような人物はメシアではありえません。それまで現れては消えていった、自称メシアの一人でしかなかったのです。実は、イエスに従っていた弟子たちも同じように考えて、失望、落胆し、イエスの死後、他のユダヤ人を恐れて家の中に隠れていました。

考えよう ・・・・・・・・・・・・・・・・・・・・・・・・・・・・・・・・・・・

　あなたが当時のユダヤ人であり、弟子の一人であったならば、イエスの死をどのように受け止めたと思いますか。

(4) イエスの復活

◆ イエスは、ローマ総督ポンティオ・ピラトの許可で十字架刑に処せられました。しかし、イエスが死んで三日目のことです。驚くべきことが起こりました。

復活の予告　マタイの福音書27:62-66

1 イエスは十字架にかかる前、人々に何と語っていましたか。そのため、指導者たちはどのような対策をとりましたか。

復活　マタイの福音書28:1-10

1 マリアたちが墓を見に行くと、何が起こりましたか（28:1-4）。

2 御使い〔天使〕は女たちに何を伝えましたか。御使いのことばを聞いて、マリアたちはどうしましたか（28:5-8）。

3 復活したイエスは、女たちに何を語りましたか（28:9-10）。

弟子たちの使命　マタイの福音書28:16-20

1 十一人の弟子はガリラヤに行ってイエスと会いました。彼らはどうしましたか（28:16-17）。

2 イエスには何が与えられていますか（28:18）。

3 イエスは弟子たちに何を命じていますか（28:19-20）。
バプテスマ〔洗礼〕[a]

4 イエスが「命じたすべてのことを守る」とは、どのようなことでしょう。イエスの山上の教えを思い出しましょう。

5 イエスは、弟子たちにどのような約束をしていますか（28:20）。

---

[a] *バプテスマ*：教会では、信仰をもったことを表すしるしとしてバプテスマを授けています。

まとめ ••••••••••••••••••••••••••••••••••••••

　イエスは、死んで三日目によみがえり、弟子たちの前に現れました。復活は、イエスが真のメシアであることを示したのです（ロマ1:4）。

　イエスには天においても地においても、すべての権威〔天と地の一切の権能〕が与えられています。そのイエスが、山上の教えを実行する弟子を世界中に生み出そうとしています。

　神は、アブラハムの子孫が世界を祝福し、「非常に良い」世界を回復すると約束しました。その約束は、イエスにより、その弟子たちを通して実現されていくことになります。

👤 考えよう ••••••••••••••••••••••••••••••••••••

　キリスト教の土台は、イエスの復活であると言われます。それはどうしてでしょう。イエスが復活せず、墓の中で朽ちたとしたならば、弟子たちはどうなっていたと思いますか。

════ コラム ════

「使徒」

　「使徒」とは「使者」という意味のことばで、イエスが弟子の中から選んだ12人を指します。彼らは、イエスの復活の証人として、教会において宣教の責任を担いました。「12」は、弟子たちがイスラエル十二部族に代わる新しい神の民であることを表しています。

════ コラム ════

「パウロ」

　パウロはパリサイ派のユダヤ人で、かつては、キリスト者を迫害した人でした。しかし、復活したイエスと出会って回心し、イエスに任命されて使徒とされ、異邦人（ユダヤ人以外の人々）への宣教者となりました。新約聖書の多くの手紙がパウロによって書かれています。

5課　十字架の死の意味

◆ イエスの復活により、イエスが真のメシアであることが明らかになりました。では、イエスの死にはどのような意味があったのでしょうか。

(1) 罪の赦し

　神は正しい方ですから、罪を放置することはありません。この時代の終わりには、必ずさばきがあります。

苦難の僕　イザヤ書53:1-12

　預言者であったイザヤは、罪の赦しをもたらす「主のしもべ」について預言しました。「苦難の僕」の章と言われるイザヤ書53章を読みましょう。

1　このしもべは、人々にどのように扱われましたか（53:1-3）。

2　このしもべは、誰によって、何のために苦しむのでしょうか（53:4-8）。

3　何が主のみこころ〔望み〕でしたか（53:9-10）。

4　しもべの苦しみの結果、多くの人にもたらされるのは何ですか（53:11-12）。

　主のしもべは、人々にさげすまれ、私たちの病と痛み、背きと咎〔過ち〕を負って苦しみました。その結果、私たちは癒され、義とされ、平安が与えられるのです。

永遠の完成　ヘブル〔ヘブライ〕人への手紙10:1-14

　旧約聖書の時代には、罪の赦しのために動物が献げられていました。しかし、その赦しは一時的でした。動物の血によっては、罪を完全に除（のぞ）くことはできないからです。

1　キリストは、なぜこの世界に来られたのですか（10:1-7）。

2　旧約の献げ物と祭司と比べると、イエスはどのように違いますか（10:8-14）。

一人の義の行為　ローマ人への手紙5:18-19

　すべての人を罪に定めることになった「一人の違反（いはん）」〔一人の過（あやま）ち〕とは何だったか思い出しましょう（p.13、ロマ5:12）。

1　すべての人が義と認められ、いのちが与えられる〔義とされて命を得る〕のは、何によるのですか。

まとめ ●

　罪のないイエスがご自身を献げられたことにより、私たちは永遠に罪が赦され、義とされます。義とされるとは、神の前に完全に正しい者と見なされ、神に喜ばれることを意味しています。これは、イエスによる救いの中心であり、キリスト者の生活の土台です。

考えよう ●

　人間は、罪が赦され神に喜ばれるために、様々な行いを積み上げなければならないと思いがちです。そのような思い込みから離れて心に安らぎを得るにはどうしたらよいのでしょうか。

(2) 罪の奴隷からの解放

◆ イエスの死には、罪の赦し以外にも大切な目的がありました。

罪の奴隷からの解放　ローマ人への手紙6:6-14

1　古い人（罪の性質）がキリストとともに十字架につけられたのは、何のためですか（6:6-7）。

2　キリストとともに死んだ私たちは、どうなりますか（6:8）。

3　私たちは、罪との関係についてどのようなことを事実として認める〔考える〕べきですか。神との関係についてはどうでしょうか（6:9-11）。

注）私たちのうちに罪の性質がなくなるわけではありません。しかし、罪の力に支配され続けることはなくなりました。

4　罪が暴君（ぼうくん）のように私たちを支配することがないので、私たちには選択肢（せんたくし）が生まれました。どのような道を選ぶことができるでしょう。私たちはどちらを選ぶべきですか（6:12-14）。

良心をきよめる　ヘブル〔ヘブライ〕人への手紙9:13-14

1　旧約聖書の儀式（ぎしき）では、動物の血はどのような働きをしましたか。キリストの血はどのような働きをするのでしょう。

義のために生きる　ペテロの手紙第一2:21-25

1　キリストは十字架の上で何をされましたか。それは何のためでしたか。

まとめ ･･

　　イエスの十字架の死によって、私たちは、罪の奴隷(どれい)から解放(かいほう)され、神に従う道を選べるようにされました。十字架の血によって私たちは罪を離れ、義のために生きることができるようにされたのです。また、「暗闇(くらやみ)の力」すなわち悪魔の支配から救い出されるためでもありました（コロ1:13）。

　　つまり、十字架は、私たちが罪と悪魔に打ち勝ち、本来の「神のかたち」（全地の王）として生きるためでした。その結果、神の国（良い世界）が地上で広がっていきます。十字架こそが、世界を歪(ゆが)めてきた罪の問題を解決したのです。

 考えよう ･･････････････････････････････････････

1　「自分は罪赦された罪人に過ぎないので、正しいことができなくても仕方がない」とあきらめるのと、「罪の奴隷(どれい)ではない」と「認め」て誘惑(ゆうわく)と闘(たたか)い、正しい選択をし続けるのでは、人生にどのような違いが生じると思いますか。

2　自分の罪に身を委(ゆだ)ねず、人のために生きることを選んだキリスト者が多くいます。奴隷売買(どれいばいばい)を禁じる法案を通過させたイギリスのウィルバーフォース（p.32コラム「他の被造世界(ひぞうせかい)との関わり」参照）、貧しい人を助け、生活協同組合などの様々な組織を立ち上げ、日本の社会全体を変革しようとした賀川豊彦(かがわとよひこ)などです。そのような大きな仕事を成(な)し遂(と)げなくても、家庭や職場、また地域社会の中で正しい選択をした人を知っていますか。また、自らの小さな体験を分かち合いましょう。

🙏 **祈り** ･･

　　神よ、私たちがイエスの十字架の死によって罪の奴隷から解放されたことを感謝します。私たちがそのことを信じ、自らをあなたに献げ、正しい道にむかって一歩踏み出すことができるように助けてください。

(3) 死に勝利してよみがえるため

◆ アダムが罪を犯したので、すべての人が死んで土に帰ることとなりました[a]。しかし、イエスの十字架は、死の問題も解決しました。

永遠のいのち　ローマ人への手紙5:17-21、6:23

1　イエス・キリストによって〔イエス・キリストを通して〕何に導かれますか（5:17、21）。

2　神の賜物（たまもの）は何ですか（6:23）。

よみがえりのいのち　ヨハネの福音書6:39-40

1　父なる神のみこころは何ですか（6:39）。永遠のいのちを持つ者は、終わりの日にどうなりますか（6:40）。

注）「よみがえり」〔復活〕は、魂が天国へ行くことではありません。文字通り、体をもって死からよみがえることです。

まとめ ・・・・・・・・・・・・・・・・・・・・・・・・・・・・・・・・・・・

　アダムの罪の故（ゆえ）に死ぬことになった私たちは、キリストの恵みの故（ゆえ）に、永遠のいのちが与えられ、終わりの日に肉体をもってよみがえります。復活によって、罪がもたらした死に勝利し、死の問題も解決されることになりました[b]。

考えよう ・・・・・・・・・・・・・・・・・・・・・・・・・・・・・・・・・

　死の問題を解決するためには、なぜ肉体のよみがえりが必要なのだと思いますか。1課セクション（2）（p.6-7）で学んだ、良い世界の在り方から考えてみましょう。

[a]　創3:19、ロマ5:12-14。
[b]　Iコリ15:53-57。

(4) 全被造世界のため

◆ イエスの十字架は、人間のためだけの出来事ではありませんでした。

コロサイ人への手紙1:19-22

1 神は、御子の十字架の血によって何をしてくださいましたか。

ローマ人への手紙8:19-23

1 被造世界は、なぜ、神の子どもたちの現れを待ち望んでいるのでしょうか。現在はどのような状況でしょう。

注）「神の子どもたちが現れる」とは、この時代の終わりに、世界が非常に良い世界として完成することを指します。「虚無に服した」とは、創世記3章の、自然界への呪いを指します。

 まとめ ・・・

　アダムとエバの罪のために、土地は呪われました。その後のさらなる人の罪の故に、被造物は現在に至るまで、傷つき、痛み、うめいています。しかし、キリストの十字架の死によって、全被造世界が、地にあるものも天にあるものさえも、神と和解させられ、呪いから解放されることになります。

考えよう ・・・

　人の生き方が変えられていくと、その変化は、他の被造世界にまで及びます。山も海も、またその中に住むすべての生き物も、人間が自分たちの利益のためだけに利用してよい、単なる「モノ」ではありません。
　1課で学んだように、私たちは、神のかたち（全地の王）に造られた者としてこの世界を見つめ、被造物が全体として調和を生み出すように治めることが求められています。被造世界のうめきを聞き取り、その痛みを和らげることにおいて、イニシアチブを取ることが求められ

ています。

　その第一歩は、現実を知ることです。食品ロス、食用肉が店頭に並ぶまでの経緯、遺伝子操作作物、といった身近な課題から、原発が環境にもたらす影響、各地の砂漠化と貧困、絶滅危惧種、また、地球の温暖化など、規模の大きな課題まで、テーマを一つ選んで調べてみてはどうでしょうか。

　p.32コラム「他の被造世界との関わり」参照。

―― コラム ――

「他の被造世界との関わり」

　ウィリアム・ウィルバーフォースは19世紀のイギリスの政治家です。キリスト教信仰に立ち、奴隷売買を禁止に導きました。

　しかし、彼の関心は人間だけではありませんでした。その当時、当然のように行われていた動物虐待をやめさせるために、1824年に「英国動物虐待防止協会」を創立しました。そして、その働きは、次第に、動物全体に対する英国民の意識を変えていくことになったのです。

―― コラム ――

「初期の教会の広がり」

　初期の教会はローマ帝国全土に広がっていきましたが、規模は小さなものでした。しかし、他民族の侵入によって、国境付近から都市に避難してきた人々を援助するなど、教会の愛の働きを通して、回心者の数が増え、やがて教会は帝国を動かすほどの影響力を持ちました。

まとめ ・・・・・・・・・・・・・・・・・・・・・・・・・・・・・・・・・・・・・・

5課全体のまとめ

　十字架上の死によって、イエスの活動が頓挫(とんざ)したわけではありません。また、十字架の死は、イエスがメシアではなかったことの証拠(しょうこ)ではなく、もちろん、単なる犠牲的精神の模範(もはん)でもありませんでした。

　神は、御子を十字架につけることによって
　（1）私たちを義と認め、
　（2）罪の奴隷(どれい)から解放(かいほう)し、
　（3）私たちが死に打ち勝ってよみがえるようにし、
　（4）被造世界(ひぞうせかい)の呪(のろ)いを取り去ってくださったのです。

　メシアの使命は、「罪とその影響を逆転させて良い世界を回復すること」でした。イエスの十字架こそ、その使命を果たすために必要な土台だったのです。

　それでは、どのように、その使命は果たされていくのでしょうか。

6課　良い世界の完成に向かって

◆ 復活の後、イエスは使徒たちに使命を与えました（p.24「弟子たちの使命」参照）。その後、何が起こったのか、「使徒の働き〔使徒言行録〕」から見ていきましょう。

(1) 昇天、聖霊降臨、教会の始まり

イエスの昇天　使徒の働き〔使徒言行録〕1:1-11

1 イエスは、使徒たちが間もなく何を受けると伝えていますか（1:5）。p.25 コラム「使徒」参照。

2 聖霊が臨む〔降る〕とき、彼らがどのようになるとイエスは伝えていますか（1:8）。

3 聖霊が臨むという約束を伝えた後、イエスに何が起こりましたか（1:9）。

注）罪のきよめを成し遂げて昇天されたイエスは、神の右の座に着かれました。そして、今も万物を保ち、歴史を導いておられます[a]。

4 イエスが天に昇られたとき、白い衣を着た人たちが、使徒たちに告げたことは何でしたか（1:11）。

聖霊降臨　使徒の働き 2:1-36

聖霊が臨むという約束を受けた弟子たちは、エルサレムに帰り、聖霊が与えられることを待ち望んで祈っていました。

1 皆が同じ場所に集っていると、何が起こりましたか（2:1-4）。

---

[a] エペ 1:20-21、ヘブ 1:3、p.24「弟子たちの使命」のマタ 28:18参照。

2 この不思議な現象を目の当たりにした人々は、呆気（あっけ）にとられました。ペテロたちは、この現象をどのように説明しましたか（2:14-21）。

3 ペテロたちは、何の証人だと語っていますか（2:22-32）。

4 誰が、聖霊（せいれい）を注いでくださったのですか（2:33-35）。

5 ペテロは、ユダヤ人にどのような罪を指摘していますか（2:36）。

教会の始まり　使徒の働き 2:37-47

ペテロの説教を聞き、そこにいた人々は、悔い改めてバプテスマ〔洗礼〕を受け、弟子に加えられました（2:37-41）。

1 ペテロのことばを受け入れて弟子となった人々は、どのような生活をし、どのような様子でしたか（2:42-47）。

注）「パンを裂（さ）き」とは、今も教会で行われている聖餐式（せいさんしき）のことです。聖書は私有財産（しゆうざいさん）を否定していませんが、富む者が貧しい者に喜んで分け与えることは、イエスの教えを実践（じっせん）したものです（Ⅰテモ6:17-18参照）。

まとめ ・・・・・・・・・・・・・・・・・・・・・・・・・・・・・・・・・・・

よみがえられたイエスは天に昇り、神の右の座に着き、聖霊を注いでおられます。聖霊を受けた弟子とその共同体（教会）は、山上の教えなどのイエスの教えに従い、愛を実践し始めました。良い世界が回復され始めたのです。そして、この時代の終わりに、イエスが再び来ることが約束されました。

考えよう ・・・・・・・・・・・・・・・・・・・・・・・・・・・・・・・・・・・

イエスの山上の教えは、聖霊の助けによって最初の教会で実践されました。現代の私たちは、地域や教会で何をすることができるでしょう。

(2) 聖霊によるキリスト者の歩み

◆ 前セクション（1）で学んだように、聖霊が弟子たちに臨み、教会が生み出されました。聖霊は神の霊のことで、イエスを信じる者の内に住んでくださいます。

聖霊の実　ガラテヤ人への手紙5:16-23

1　肉（罪の性質）が望むことは何ですか（5:16-21）。

2　聖霊によって進むときに、どのような「実」を結びますか（5:22-25）。

キリスト者の歩み　ローマ人への手紙12:1-2

　キリスト者は、聖霊の実を結び、聖霊の助けによって山上の教えを実践していきます。その結果、神の国（良い世界）を広げていくことができます。では、それは、具体的にどのようなプロセスを通るのでしょう。

　パウロは、ローマのキリスト者に対して、神の限りない愛とあわれみを述べました[a]。そして、「ですから〔こういうわけで〕」と、その愛とあわれみに基づいて勧めをしています。p.25コラム「パウロ」参照。

1　パウロは何が「ふさわしい〔理に適った〕礼拝」だと言っていますか（12:1。自らを献げることについてはロマ6:12-13参照）。

2　自分を献げて神を礼拝する者には、どのように生きることが命じられていますか（12:2）。

　注）「心」と訳された言葉（ヌース）は、考え方や価値観を意味します。

3　その結果、どのようになりますか。

---

[a] ロマ8:28-39、9-11章。

まとめ •

　キリスト者は、まず、（1）神の愛に応えて自らを神に献げます。次に、（2）罪の在り方に背を向け、考え方や価値観(かちかん)を変えていきます。

　すると、（3）私たちは次第に変えられ、神に喜ばれることが何であるかを具体的な場面で見分けることができるようになります。もちろん、罪との闘い(たたか)は厳しく(きび)、失敗を繰(く)り返すことにもなるでしょう。しかし、この歩みをあきらめずに積み重ねていくならば、私たちは、生活のあらゆる面で聖霊の実を結び、山上の教えを実践し、神の国（良い世界）を広げていくことができるようになるのです。

　昇天されたイエスが、聖霊を送ってくださったのは、このプロセスすべてにおいて、聖霊によって私たちを助け導くためでした。個人として、また教会として、聖霊の助けを神に祈り求めつつ、歩んでいきましょう。

　　p.17コラム「主」、p.32コラム「初期の教会の広がり」参照。

考えよう •

1　取税人ザアカイは、上記「まとめ」の変化を短い時間で経ているようです（ルカ19:1-10）。ザアカイはどのような変化のプロセスを通っていますか。通常、取税人は、決められた額以上に取り立て、民衆を搾取(さくしゅ)していました。

2　罪人である自分がありのままで神に愛され安堵(あんど)することと、罪と闘い、自分を変える努力をし続けることが矛盾(むじゅん)しないのはなぜだと思いますか。その二つはどのように一つとなるのでしょう。このセクションで学んだことから考えましょう。

3　キリスト者は、生活のあらゆる分野で良い世界を回復していきます。家事、育児(いくじ)、介護から始まり、農業、漁業、林業や、芸術、音楽、文学、研究、製造、ビジネス、金融、国際政治そして、地球環境まで、人の営(いとな)みのすべてが「地を治める」務めだからです。あなたにとって、よい世界の回復はどのようなことだと思いますか。具体的に分かち合いましょう。

(3) 良い世界の完成

◆ 最後に、神のご計画の完成について見ていきましょう。

再臨と万物の更新　使徒の働き 3:17-21

五旬節〔五旬祭〕の後、ペテロはエルサレムの神殿に集まっていたユダヤ人に語っています。

1　イエスがもう一度来られるのは、どういう時ですか（3:20-21）。

2　「万物の改まる〔新しくなる〕時」について、私たちはp.15でイザ11:1-10から学びました。どのような様子でしたか。

キリスト者の希望　テサロニケ人への手紙第一1:9-10、
ピリピ〔フィリピ〕人への手紙3:20

1　キリスト者が待ち望んでいることは何ですか。

死者の復活　コリント人への手紙第一15:12-26

イエスが再び来られる時、キリスト者は肉体をもって死よりよみがえります。

1　コリント教会の中にはどのような人がいましたか（15:12）。

2　パウロは何と言って説得しようとしていますか（15:13-18）。

3　パウロは何を断言していますか（15:19-22）。

4　復活の順序はどのようなものですか。その後、キリストはどうされますか（15:23-25）。

5 イエスが復活したことにより、「死」は最終的にどうなりますか（15:26）。

改まった世界　ヨハネの黙示録21:1-4

　ヨハネの黙示録21章以降では、イエスの再臨の後、復活したキリスト者と新たにされた地上の様子が、象徴的（しょうちょうてき）な表現で描かれています。

1 ヨハネは何を見ましたか。新しくされた地上での、神と人との関係はどのようなものですか。人間はどのような様子でしょうか。

王となる　ヨハネの黙示録22:1-5

1 神のしもべたち（キリスト者）は、新しくされた地上で何をしていますか（22:5）。

 まとめ ・・・・・・・・・・・・・・・・・・・・・・・・・・・・・・・・・・・・・

　イエスは再び来られます。そのとき、罪はさばかれ、悪は完全に払拭（ふっしょく）されます。万物は改まり、神の栄光に満ちた世界となります。キリスト者は体をもってよみがえり、新しくされた地上で神に仕え、永遠に王として地を治める〔支配する〕ことになります。ここにおいて、全地の王（「神のかたち」）として造られた人類の使命が完全に果たされ、全世界が「非常に良い」ものとして完成します。これが、完成した神の国、神のご計画の成就（じょうじゅ）です。

考えよう ・・・

　愛と正義を求めるキリスト者にとって、キリストの再臨（さいりん）と世界の完成が希望となるのはなぜだと思いますか。

おわりに

　聖書によれば、世界がことばに表すことのできないほど美しいのは、神が世界を美しく造られたからです。その美しい世界に混乱があるのは、人が神に背いたからでした。

　しかし、神はイエスの十字架の死によって、人の罪を赦し、罪の奴隷から解放し、よみがえりのいのちを与え、万物とも和解されました。現在、イエスは聖霊により、私たちを通して神の国（良い世界）を広げ、この世界を回復しつつあります。再び来られるときには、神の国を完成してくださるのです。

　私たちは、完成に向かって生きる神の民です。聖霊の助けによって為す手の業は永遠の価値を持ち、何らかのかたちで、新しくされた地にもたらされます（Iコリ 3:10-15）。

　世の終わりについてパウロはこう語りました。

> **私の愛する兄弟たち。堅く立って、動かされることなく、いつも主のわざに励みなさい。あなたがたは、自分たちの労苦が主にあって無駄でないことを知っているのですから。（Iコリ 15:58）**

　日々の生活の中で、自分の弱さや罪深さに失望することがあるでしょう。問題の大きさに圧倒されることも起こるかもしれません。しかし、「神が御国（良い世界）を広げ、完成させる」という約束を信じて希望をいだき、愛のうちに歩みましょう。

　p.41コラム「2000年にわたる教会の歩み」参照。

===== **コラム** =====

「2000年にわたる教会の歩み」

　歴史を振り返ると、神の名の下に行われた暴挙は、十字軍、南米大陸での侵略、南アフリカのアパルトヘイトなど、書き出せばきりがないほどです。しかし同時に、ローマ帝国を揺り動かすほど、積極的に貧しい人々を助け、イギリスの奴隷売買を禁止させ、アメリカの人種差別の撤廃に力を尽くしたのは、献身的なキリスト者でした。

　日本でも、明治から昭和にかけて、現代社会の土台造りにキリスト者が貢献しました。例えば、公害反対運動を指導し、公娼制度を廃止させ、学校を設立し、女性の地位を向上させ、社会の底辺で苦しむ人々とともに歩み、生協などを生み出して日本の社会を変革していったキリスト者がいました。彼らは、キリストの愛によって社会を変えたのです。

　自らを神に献げ、日々直面する様々な問題の中で、神に喜ばれる判断と行動をとり続ける、そのような真の礼拝者としての歩みが、今日、私たちに求められています。

信仰への招き

　ここまで私たちは、聖書の語る世界と、神の壮大な救いのご計画を見てきました。そのすべてを貫いているのは、神の限りない愛でした。その愛は、これを読んでいるお一人お一人にも注がれています。

　父なる神は、愛を込めてあなたを造り、今に至るまで、あなたに命を与えて育み、導いてきました。そして、今、弟息子を待ちわびる、あの父のように、あなたの罪を赦し、あなたを癒し、きよさと愛を与えようと待っています。世の終わりには、あなたを新しくされた地上によみがえらせ、世界を受け継ぐようにしてくださいます。
　この救いを受け取るために必要なのは、神の愛を信じ、イエスを信頼するだけでよいのです。

　聖書には次のように書かれています。

　　　これらのことが書かれたのは、イエスが神の子キリスト（メシア）
　　　であることを、あなたがたが信じるためであり、また信じて、イエ
　　　スの名によっていのちを得るためである。（ヨハ20:31）

　　　なぜなら、もしあなたの口でイエスを主と告白し、あなたの心で神
　　　はイエスを死者の中からよみがえらせたと信じるなら、あなたは救
　　　われるからです。人は心に信じて義と認められ、口で告白して救わ
　　　れるのです。（ロマ10:9-10）

次のように祈ることができます。

父なる神様、
あなたは、世界を美しく造り、また、私を愛を込めて造ってくださったことを感謝します。

しかし、人の罪の故（ゆえ）に、世界は歪（ゆが）んでしまいました。それだけではなく、私自身も罪人であることが分かりました。私の罪をお赦（ゆる）しください。

私は、イエスが神の子キリスト、メシアであることを信じます。主が十字架の死によって私を義と認め、罪の奴隷（どれい）から解放（かいほう）してくださったことを信じ、感謝します。

私は、自らをあなたに献げ、あなたに喜ばれる生き方を求めていきます。聖霊（せいれい）によって私を助け、あなたにふさわしい者に私を変えてください。

主イエスが再び来られて、この世界を新しくし、完成されるときを私は待ち望みます。

主イエス・キリストの御名によって祈ります。アーメン

　キリスト者の歩みは、信仰による共同体である教会の中で育まれます。また、教会で行われる礼拝や集会は、すべての人に開かれています。どうぞご参加ください。
　また、「そこまでは決断できない」と思われる方にもお勧（すす）めします。続けて聖書をお読みください。疑問に思っていること、質問などがありましたら、教会の指導者やこの学びを導いてきた方にご相談ください。
　最後に次のページの「使徒信条（しとしんじょう）」を読んで終わりましょう。

使徒信条

　キリスト教会は、その歴史を通して、自らの信仰を短く表わしてきました。その一つが使徒信条です。使徒信条は、西方教会（カトリック教会、聖公会、プロテスタント教会）が一致して告白している信条で、本書で学んできた内容の要約でもあります。成立したのは8世紀頃ですが、さらに古い「古ローマ信条」（2世紀頃に成立）に基づいています。その信条は、洗礼を受ける際に、信じている内容を確認するために用いられました。

　我は天地の造り主、全能の父なる神を信ず。

　我はその独り子、我らの主、イエス・キリストを信ず。
　主は聖霊によりてやどり、
　処女マリアより生れ、
　ポンテオ・ピラトのもとに苦しみを受け、
　十字架につけられ、死にて葬られ、陰府にくだり、
　三日目に死人のうちよりよみがえり、
　天に昇り、全能の父なる神の右に座したまえり、
　かしこより来りて、生ける者と死ねる者とを審きたまわん。

　我は聖霊を信ず、
　聖なる公同の教会、
　聖徒の交わり、罪の赦し、
　身体のよみがえり、
　永遠の生命を信ず。

　アーメン

救いの基礎 改訂版 —聖書が語る世界—　　定価（本体 500 円＋税）

初　版　2016 年 8 月 15 日　発行
第 2 刷　2017 年 2 月 6 日　発行
改訂版　2020 年 2 月 1 日　発行
第 2 刷　2022 年 6 月 1 日　発行

編集・発行　　聖書を読む会

　　　　　　　〒 101-0062
　　　　　　　東京都千代田区神田駿河台 2-1 OCC ビル内
　　　　　　　Website: https://syknet.jimdo.com

表紙デザイン　yme graphics 三輪 義也

印　　刷　　（宗）ニューライフ・ミニストリーズ 新生宣教団